RÉFUTATION

DU TRAITÉ DES DÉLITS ET PEINES.

RÉFUTATION

Des Principes hasardés dans le TRAITÉ DES DÉLITS ET PEINES, *traduit de l'Italien.*

Par M. MUYART DE VOUGLANS, Avocat au Parlement.

A LAUSANNE,

& se trouve à Paris,

Chez DESAINT, Libraire, rue du Foin-Saint-Jacques.

M. DCC. LXVII.

LETTRE

Contenant la Réfutation de quelques Principes hasardés dans le nouveau TRAITÉ DES DÉLITS ET PEINES.

MONSIEUR,

Je viens de profiter des loisirs de la campagne, pour examiner de plus près une Brochure que je n'avois d'abord fait que parcourir, entraîné par ce premier mouvement de curiosité qu'elle avoit excité dans le public; je veux parler du nouveau *Traité*

A

des Délits & Peines. Un Ouvrage Italien, traduit en notre langue, après avoir eu jusqu'à trois éditions en moins de six mois, imprimé à Lausanne, sans nom d'Auteur, de Traducteur ni d'Imprimeur, ne s'annonçoit-il pas en effet, de manière à piquer la curiosité des Lecteurs?

Mais pouvoit-on sur-tout ne pas céder à la démangeaison de le parcourir, d'après les éloges pompeux que lui donnent, le Libraire Italien dans son Avertissement, & le Traducteur dans sa Préface. « La Philosophie », *dit le premier*, « sublime & bien-» faisante qui regne dans cet » Ouvrage; l'amour de l'huma-» nité, & les profondes idées, » suffisent pour montrer les » motifs qui ont animé l'Auteur, » & prouvent qu'il a eu pour » objet cette malheureuse Partie

» du genre humain, jusqu'à pré-
» sent victime d'opinions trop
» cruelles, & non pas d'offen-
» ser aucun Gouvernement par-
» ticulier »........ Il souhaite, (*ajoute le Traducteur*, en termes encore plus pathétiques), « ex-
» citer dans les cœurs ce doux
» frémissement par lequel les
» ames sensibles répondent à la
» voix du défenseur de l'huma-
» nité. Son souhait est accompli,
» l'amour de l'humanité, & la
» sensibilité tendre qui régnent
» dans tout son Ouvrage, & qui
» éclatent en traits de flamme
» dans une infinité d'endroits,
» portent l'émotion dans l'ame
» de ses Lecteurs. C'est le sen-
» timent qu'il nous a fait éprou-
» ver; & nous avons fait tous
» nos efforts pour le transmettre
» à ceux qui liront notre traduc-
» tion......Un livre où l'on plaide

» ſi éloquemment la cauſe de » l'humanité, appartient déſor» mais au Monde & à toutes les » Nations ».

Je ne ſais, Monſieur, ſi vous avez éprouvé, en liſant cet Ouvrage, ce vif ſentiment dont le Traducteur ſe fait fort, ſi obligeamment, pour tous les hommes. Pour moi, je vous avoue que j'en ai éprouvé un bien différent de celui qu'il nous ſuppoſe. Je me pique de ſenſibilité comme un autre ; mais ſans doute que je n'ai point l'organiſation des fibres auſſi déliée que celle de nos Criminaliſtes modernes, car je n'ai point reſſenti ce *doux frémiſſement* dont ils parlent. Le ſentiment dont j'ai été le plus affecté, après avoir lu quelques pages de cet Ouvrage, a été celui de la ſurpriſe, pour ne rien dire de plus : je ne m'attendois pas en effet, de trouver, sous le nom d'un Traité des crimes, une Apologie de l'humanité, ou plutôt un Plaidoyer fait en faveur de cette malheureuse Portion du genre humain, qui en est le fléau, qui la deshonore, & en est quelquefois même la destructrice.

Mais combien cette surprise n'a-t-elle point augmenté, à mesure que je suis avancé dans la lecture de cet Ouvrage? lorsque j'ai remarqué, à travers de ces grands mots, de ces expressions emphatiques par lesquelles on cherche à nous éblouir, une foule d'Assertions dangereuses, qui m'ont bientôt fait juger que l'*incognito* que garde l'Auteur, est bien moins l'effet de sa modestie que de sa prudence.

Que penser en effet d'un Auteur qui prétend élever son sistème ſur les débris de toutes les notions qui ont été reçues juſqu'ici ? Qui pour l'accréditer fait le procès à toutes les Nations policées ; qui n'épargne ni les Légiſlateurs, ni les Magiſtrats, ni les Juriſconſultes ; qui ne reſpecte pas même les Maximes ſacrées du Gouvernement, des Mœurs, & de la Religion ; qui oſe avancer entr'autres :

P. 37. « Que la barbarie & les idées » féroces des chaſſeurs du Nord, » à qui nous devons notre ori- » gine, ſubſiſtent encore parmi » le peuple, dans nos mœurs & » dans notre *légiſlation*.....

P. 3.6. & 266. » Que le ſiſtème actuel de no- » tre Juriſprudence, eſt pure- » ment *offenſif* & préſente l'idée » de la force & de la puiſſance, » plutôt que celle de la Juſtice.

P. 132 & 26. » Que les Magiſtrats ſont des » *Uſurpateurs* d'un pouvoir ty-

» rannique, dont la prudence
» *arbitraire* est toujours dange-
» reuse, & qui font traduire un
» coupable à la mort, en céré-
» monie, avec *indifférence* &
» *tranquillité*.......

» Que les Jurisconsultes sont p. 10.
» des *Ecrivains intéressés*, dont
» les opinions étoient vénales;
» qui ont chargé la Jurispru-
» dence de formalités inutiles,
» dont l'exacte observation fe-
» roit asseoir l'impunité de l'A-
» narchie sur le trône de la
» Justice......

» Que le droit de punir n'a p. 14.
» d'autre fondement que l'as-
» semblage de toutes les por-
» tions de liberté, *les plus peti-*
» *tes* que chacun ait pû ce-
» der..... Que tout exercice de
» pouvoir qui s'étend au-delà
» de cette base, est abus & non

» justice, est un fait & non un » droit......

» Qu'aucun homme n'a fait » le sacrifice de sa liberté *gra-* » *tuitement*, & dans la seule vue
P. 11. » du bien public : Que chacun » de nous voudroit, s'il étoit » possible, que les conventions » qui lient les autres, ne le lias- » sent point lui-même, & se fait » le centre de toutes les combi- » naisons de l'univers......

P. 10. » Que c'est dans les sentimens » du cœur humain qu'il faut » chercher l'origine des peines, » & le fondement du droit de » punir.......

P. 31. » Que ceux qui connoissent » l'Histoire de deux ou trois sie- » cles & la nôtre, pourront voir » comment du sein *du luxe* & de » *la mollesse*, sont nées les plus » douces vertus, l'*humanité*, la

» *bienfaisance*, la *tolérance des*
» *erreurs humaines*......

» Que parmi les peines, l'on P. 107.
» doit employer celles qui, étant
» proportionnées au crime, fe-
» ront l'impression la plus dura-
» ble sur les esprits, & en même
» tems la *moins cruelle* sur le
» corps du coupable......

» Que l'on doit abolir l'usage P. 67.
» de la *Torture*......

» Que l'on doit aussi abolir P. 114
» la peine de *Mort*, parce que les & *suiv.*
» Loix n'étant que la somme des
» portions de liberté de chaque
» particulier, les plus petites que
» chacun ait pû céder ; on ne
» peut présumer que Qui que ce
» soit, ait jamais voulu donner
» aux autres le droit de lui ôter
» la vie.......

» Que la vie n'est au pouvoir P. 132.
» de personne, que de la *Néces-*
» *sité* qui régit l'univers......

P. 119. » Qu'au lieu de la peine de » mort, il faudroit substituer cel- » le de l'ESCLAVAGE PERPÉ- » TUEL, par lequel l'homme » deviendroit un *animal de ser-* » *vice*, pour réparer par les tra- » vaux de toute sa vie, le dom- » mage qu'il auroit fait à la so- » ciété. . . . . . .

P. 116. » Que le seul cas où la mort » pourroit être nécessaire, seroit » celui où le Citoyen privé de » sa liberté, auroit encore des » rélations & une puissance qui » pourroient troubler la tran- » quillité d'une Nation, & que » son existence pourroit produi- » re quelque révolution dans la » forme du Gouvernement. . . . .

P. 257. » Que le crime n'est que la » violation du *Pacte social*. . . . .

P 174. & *suiv.* » Que la vraie mesure de la » gravité du crime, est le » *dommage* qu'il apporte à la so-

» ciété, & que cette gravité ne
» doit ſe conſidérer, ni du côté
» de l'*intention* de celui qui com-
» met le crime, ni du côté de la
» *dignité* de la perſonne offen-
» ſée, ni même de la grandeur
» de l'*offenſe faite à Dieu*.......

» Que l'on ne doit point pu- P. 99.
» nir auſſi ſévérement les cri-
» mes commencés, que ceux qui
» ſont conſommés; .... ni les
» complices, que les auteurs du
» crime.......

» Que les peines doivent être P. 193.
» les mêmes pour les Perſonnes
» *du plus haut rang*, que pour
» le dernier des Citoyens........

» Que les circonſtances du P. 245.
» *lieu & du ſiecle* où l'Auteur
» écrit, & la matière qu'il traite,
» ne lui permettent pas d'exa-
» miner la nature d'une eſpèce
» de délit qui a rempli l'Europe
» de ſang......

P. 144. »Qu'on ne doit point punir
»de peines corporelles le *Fa-*
»*natisme*, mais simplement de
»l'infamie.......

P. 96, »Qu'à l'égard de certains cri-
242, & »mes qui sont occultes de leur
243. »nature, tels que l'*Adultere*, la
»*Pédérastie* (ou *Sodomie*) & l'*In-*
»*fanticide*, comme leur fréquen-
»ce est bien moins la suite de
»leur impunité, que l'effet des
»causes différentes ; le danger
»de les laisser *impunis* n'est pas
»d'une aussi grande importance.
»Que la difficulté d'en trouver
»la preuve compense aux yeux
»de la Loi, la probabilité de
»l'innocence. Qu'on ne doit ad-
»mettre pour ces sortes de cri-
»mes, ni présomptions, ni sé-
»mi-preuves......

P. 244. »Qu'on ne peut appeller pré-
»cisément juste (*ou ce qui est la*
»*même chose nécessaire*) la puni-

» tion d'un crime, tant que la » Loi n'a pas employé pour les » punir, les meilleurs moyens » possibles dans les circonstances » données, dans lesquelles se » trouve une Nation......

» Que l'on ne doit décerner » aucune peine pour le *Suicide*. » Que ce n'est pas un crime de- » vant les hommes, puisque la » peine, au lieu de tomber sur » le coupable, tombe sur son in- » nocente famille...... P. 236.

» Qu'en vain a-t-on décerné » la peine de mort pour le *Duel*. P. 205.

» Qu'en fait de *Banque-* » *route*, la difficulté de démê- » ler si le Banqueroutier est cou- » pable ou non de mauvaise foi, » fait croire à l'Auteur qu'il y » a peu d'inconvéniens de lais- » ser sa friponnerie impunie.... » Que l'importance des incon- » véniens politiques de l'impu- P. 215 & suiv.

» nité d'un crime est en raison » *directe* des dommages que le » crime cause à la société, & en » raison *inverse* de la difficulté » qu'on éprouve à le consta- » ter. . . . . . .

P. 205. » Que le *Vol* ne doit jamais » être puni de peines *pécuniai-* » *res*, tant parce que ces sortes » de peines ôteroient souvent » du pain à une famille innocen- » te, & contribueroient peut- » être à multiplier les vols, en » augmentant le nombre des in- » digens; que parce que ce crime » se commet ordinairement par » des hommes pauvres & mal- heureux, auxquels le droit de » propriété, (*droit terrible*, s'é- » crie l'Auteur, & *qui n'est peut-* » *être pas nécessaire*), n'a laissé » que la simple existence. . . .

P. 252. » Qu'une des sources princi- » pales des erreurs & des injus-

» tices de notre Jurisprudenc ,
» vient d'un ESPRIT DE FAMIL-
» LE, qui nous fait considérer
» l'Etat où nous vivons, plutôt
» comme une espéce de famille,
» que comme une société d'in-
» dividus entr'eux......

» Que la morale *domestique* P. 256 & suiv.
» inspire la soumission, au lieu
» que la morale *publique* inspire
» le courage, & fait quelque-
» fois porter le citoyen à s'im-
» moler à la patrie, en le ré-
» compensant d'avance par le
» fanatisme qu'elle lui inspire....
» Que dans la République de
» *famille*, les jeunes gens sont à
» la discrétion des pères; au lieu
» que dans la République d'*hom-*
» *mes*, les liens qui attachent les
» enfans aux pères, sont les sen-
» timens sacrés & inviolables de
» la nature, qui les invitent à
» s'aider mutuellement dans leurs

» besoins réciproques, & sur-
» tout celui de la reconnoissan-
» ce, pour les bienfaits qu'ils en
» ont reçus......

P. 261 & suiv. » Qu'une autre source de nos
» erreurs vient de l'ESPRIT DU
» FISC, qui forme le but prin-
» cipal, auquel tend toute notre
» Jurisprudence; tellement que
» c'est pour cela qu'on tâche
» d'obtenir la confession de l'ac-
» cusé par les tourmens; parce-
» que s'avouer coupable, c'est
» se reconnoître débiteur du
» Fisc.....

P. 242. » Que l'on doit abolir la pei-
» ne de la *Confiscation* des juge-
» mens; en ce que par l'usage
» de cette peine, la tête du foi-
» ble est continuellement mise à
» prix, & que l'on fait souffrir
» à l'innocent la peine du cou-
» pable.....

P. 284 & suiv. » Que de tous les moyens pour
» prévenir

» prévenir les crimes, un des plus » efficaces ſeroit celui de *perfec-* » *tionner l'Éducation..... Qu'un* » *grand homme qui éclaire l'hu-* » *manité, dont il eſt perſécuté, a* » *développé les principales maxi-* » *mes d'une Éducation vraiment* » *utile* ».....

Je m'arrête ici, Monſieur, perſuadé qu'en voilà bien aſſez pour vous mettre en état d'apprétier cet Ouvrage, & de ſentir tout le danger de ſes conſéquences ; ſur-tout pour ce qui concerne le Gouvernement, les Mœurs, & la Religion. Je laiſſe à Ceux qui ſont chargés ſpécialement de cette partie de notre Droit public, le ſoin d'exercer leur cenſure, & d'employer toute leur autorité pour en arrêter la contagion. Qu'il me ſoit ſeulement permis de propoſer ici quelques réflexions ſur la partie qui eſt le plus de mon reſſort, & de chercher à vanger notre Juriſprudence des imputations auſſi gratuites qu'indécentes que l'Auteur lui a prodigué dans cet Ouvrage.

Nous avions regardé juſqu'ici la Grece & l'Italie, comme les ſources principales où ont été puiſés les premiers élémens de notre Juriſprudence ; & nous nous ſommes empreſſés de rendre aux Legiſlateurs Romains ſur ce point, le même hommage que ceux-ci crurent devoir rendre à ceux d'Athènes, lorſqu'ils y envoyerent chercher la Loi des douze Tables. Si nos Souverains ont apporté dans la ſuite quelque changement aux diſpoſitions de ces premières Loix ; ce n'eſt, comme l'on ſait, que parce qu'ils s'y ſont vus entraînés par la néceſſité des circonſtances ; l'on veut dire, *ſoit* par la différence des Peuples qu'ils avoient à gouverner ; *ſoit* par la diſtinction qu'il falloit néceſſairement mettre entre des Nations à peine ſorties de la barbarie, & celles qui étoient policées ; *ſoit* enfin, parce que s'agiſſant en matière criminelle de la vie ou de l'honneur de leurs Sujets, auxquels ils avoient un intérêt particulier ; il étoit juſte que le droit de donner des Loix en cette matière, fut réſervé plus ſpécialement à l'autorité de ces mêmes Souverains.

Quoi qu'il en ſoit, de la néceſſité même où l'on a été de changer ces premières Loix, il en faut conclure que les dernieres n'en ſont que plus ſages & plus ſalutaires, comme étant le réſultat de l'expérience, qui est sans contredit la régle la plus infaillible que l'on puisse prendre en cette matière.

Aussi voit-on, que toutes les fois que nos Rois ont jugé à propos d'augmenter les peines qui étoient portées contre de certains crimes, ils ont toujours eu soin de donner pour motifs de leurs nouvelles Loix la multiplicité & la fréquence de ces mêmes crimes, que la légéreté de leurs peines sembloit avoir favorisé jusqu'alors.

C'est aussi, par le moyen de ces augmentations & de ces modérations successives des peines, que l'on peut dire à l'honneur de notre France, que la Jurisprudence y a été portée à un dégré de perfection qui lui fait tenir un rang distingué parmi les Nations policées: tellement que quelques-unes l'ont même priſe pour modèle dans la réformation de leur Code criminel.

S'il y eſt reſté quelque choſe d'irrégulier & d'imparfait, ce n'eſt pas que nos Légiſlateurs & les illuſtres Perſonnages dont ils ſe ſont ſervis pour la rédaction de leur Loix, n'ayent ſenti ces défauts; mais ils ont été arrêtés, ſans doute, par l'impoſſibilité d'y remedier, & de réduire ſous des régles générales & uniformes, une ſcience qui étant de droit poſitif, dépend moins du raiſonnement, que de l'expérience & de l'uſage.

C'eſt cependant (Qui l'auroit cru?) c'eſt cette même Juriſprudence, fruit des veilles des plus rands Magiſtrats & des plus cé-ébres Juriſconſultes, qui fait au-ourd'hui l'objet de la cenſure & u mépris de l'Auteur du nouveau Traité des Delits & Peines; *de ce Disciple obscur de la Philosophie* (c'est ainsi qu'il se qualifie lui-même) qui ose s'ériger en Précepteur du genre humain; qui du fond de son Cabinet entreprend de tracer des Loix à toutes les Nations, & nous faire voir que nous n'avons rien pensé jusqu'ici d'exact ni de solide sur une matière qui intéresse le plus essentiellement la Société, sur la punition des crimes, sur la juste application des peines; enfin, de ce prétendu *illuminé* aux yeux duquel les Solons, les Licurgues, les Papiniens, les Cujas, en un mot les plus sages Philosophes de la Grece, de l'Italie, & de la France, ne sont que de purs sophistes; les siecles d'Auguste & de Louis XIV, que des siecles d'erreurs & de ténébres. Ecoutons-le parler lui-même dans le Chapitre qui sert d'Introduction à son Ouvrage : « Mais tandis que beaucoup de » préjugés se sont dissipés, *dit-* » *il*, à la lumière de ce siecle, » nous voyons qu'on ne s'est » point occupé de réformer l'ir- » régularité des Procédures cri- » minelles, partie de la législa- » tion aussi importante que né- » gligée dans toute l'Europe. » On ne s'est point élevé contre » la cruauté des peines en usage » dans nos tribunaux. On n'a » point combattu ces erreurs ac- » cumulées depuis plusieurs sie- » cles. On n'a point opposé la » force de la vérité connue, à » l'abus d'un pouvoir mal dirigé, » & à ces exemples répétés d'une » atrocité froide. Cependant les » gémissemens des Foibles sacri- » fiés à l'ignorance cruelle & à » l'indolence des Puissans ; des

P. 4.

» tourmens barbares, prodigués » inutilement pour des crimes, » ou mal prouvés ou chiméri- » ques ; l'horreur des prisons, » augmentée par ce qui fait le » supplice le plus grand des mi- » sérables ; l'incertitude de leur » sort, auroit dû réveiller l'atten- » tion des Philosophes, cette » espéce de Magistrats, dont » l'emploi est de diriger toutes » les opinions humaines ».....

Tel est le tableau odieux que cet Auteur ose tracer de notre Jurisprudence actuelle. Mais sui- vons-le dans le détail des pré- tendues preuves qu'il se propose de nous donner de cette cruau- té des peines qu'il dit être en usage dans nos Tribunaux, de cette irrégularité de nos procé- dures criminelles, de cette igno- rance cruelle, de cette indolence des Puissans, de ces erreurs ac- cumulées

cumulées depuis plusieurs siecles, de ces tourmens barbares prodigués inutilement pour des crimes mal prouvés ou chimériques ; & nous allons voir que toutes ces qualifications sont autant d'injures gratuites, bien dignes assurément d'un Auteur qui se fait gloire d'avoir puisé son sistème *dans le sein du luxe & de la mollesse*, & d'ériger en vertu la *tolérance des erreurs humaines*......

Vous vous attendiez sans doute, comme moi, Monsieur, sous l'annonce d'un *Traité des Délits & Peines*, de trouver une discussion exacte & méthodique des Loix & des Principes, qui sont relatifs à cette matière, des citations d'Autorités sur les Questions qui en peuvent naître, & sur-tout une Enumération exacte des différentes es-

péces de crimes, & de leurs peines, ainsi que des procédures nécessaires pour parvenir à les constater & à les punir; & cependant vous verrez avec surprise, que rien de tout cela ne se rencontre dans l'Ouvrage en question. L'Auteur, qui n'a pu se dissimuler le reproche qu'on seroit en droit de lui faire sur des omissions aussi essentielles, prétend l'éluder en disant : « Que la multitu-
P. 7.
» de & la variété de ces objets, » d'après les diverses circonstan- » ces des tems & des lieux, le » jetteroient dans un détail *im-* » *mense* & ennuyeux». Mais est-il bien recevable dans une pareille excuse? Quand on le voit annoncer en même tems, l'examen d'une multitude de Questions qui exigeoient des détails beaucoup plus immenses & moins analogues à son sujet, telles que celles-

ci. « Quelle est l'origine des Pei-
» nes, & le fondement du droit
» de punir ? .... Quels sont les
» moyens particuliers dans une
» bonne Législation pour saisir
» le criminel & découvrir &
» constater le crime ?... La Ques-
» tion est-elle juste, & conduit-
» elle au but que se proposent
» les Loix ? ..... Comment éta-
» blir la proportion que les pei-
» nes doivent avoir avec les
» crimes ? .... Quelle est la me-
» sure de la grandeur des Dé-
» lits ? ..... La peine de mort
» est-elle utile & nécessaire pour
» la sûreté & le bon ordre de la
» société ? .... Quelle peine faut-
» il infliger aux différens cri-
» mes ? .... Les mêmes peines
» sont-elles également utiles dans
» tous les tems ? .... Quelle influen-
» ce ont-elles sur les mœurs ? ....
» Quels sont les moyens les plus

» efficaces pour prévenir les cri-
» mes ?... »

Mais ce qui ne vous ſurprendra pas moins, Monſieur, c'eſt que l'Auteur oſe ſe flatter d'avoir renfermé dans un petit volume *in*-12 de 268 pages en *S. Auguſtin*, l'entier développement de toutes ces Queſtions qui ne demanderoit rien moins que des Volumes *in-folio*.

Au reſte la légéreté avec laquelle il traite tous ces objets, vous fera bientôt juger qu'ils n'ont fait que de lui ſervir de prétextes pour y gliſſer ſes Principes particuliers.

Nous avons déjà rapporté ceux qu'il oſe avancer, relativement aux maximes de la Légiſlation ; il ne nous reſte plus qu'à parcourir ce qu'il dit touchant la manière dont on doit procéder à l'inſtruction & à la punition des crimes : ou plutôt, de réfuter les Objections particulières qu'il nous fait sur l'un & l'autre de ces Points.

Mais avant que de nous livrer à ce détail, Qu'il nous soit permis d'écarter d'avance ce reproche général, que l'Auteur fait à notre Jurisprudence, d'être purement *offensive*, & de présenter l'*idée de la force & de la puissance, plutôt que celle de la Justice*? Vous allez voir, Monsieur, qu'il ne fût jamais de reproche moins mérité, par la marche aussi sage que méthodique, avec laquelle elle s'exerce dans nos Tribunaux ; je puis même ajouter dans les Tribunaux des Nations les plus policées de l'Europe, & singuliérement dans ceux du Pays même où cet Ouvrage a pris naissance.

D'abord : Quant à la Procédure, en voici les Actes principaux, tels qu'ils se trouvent marqués par l'Ordonnance de 1670, qu'on peut regarder comme l'Abregé de toutes les Loix les plus sages qui ont été rendues en cette matière.

Le premier Acte, est celui de la *Plainte*, qui se fait de deux manières, ou *directement* par Requête, ou par un Procès-verbal que le Juge dresse sur la déclaration de la Partie plaignante; ou *indirectement* par la voie de la Dénonciation, qui se fait au Ministére public, lequel poursuit en son nom, & est tenu de nommer le Dénonciateur à l'accusé renvoyé absous, pour qu'il puisse poursuivre contre lui ses dommages & intérêts, & même le faire condamner à de plus grandes peines, si cette Dénonciation est jugée calomnieuse.

Comme, pour fonder une Accusation, il y a deux choses à établir; En premier lieu, que le Crime a été commis, (ce qu'on appelle constater *le Corps du Délit*) & en second lieu, que l'Accusé en est l'auteur; l'Ordonnance prescrit ensuite la manière de parvenir à l'une & à l'autre de ces Preuves; sçavoir à la *premiere*, par les *PROCÈS-VERBAUX* des Juges, & par les *RAPPORTS DES MÉDECINS ET CHIRURGIENS*; & à la *seconde*, par les *INFORMATIONS*, qui doivent être composées de témoins dignes de foi, & exempts de tous reproches; Quoique l'on puisse aussi y en admettre d'autres en certains cas, sauf aux Juges d'avoir tel égard que de raison, à la solidité & à la nécessité de leurs témoignages.

Indépendamment de la voie des Informations, la Preuve du crime peut encore s'acquérir de trois autres manières, suivant l'Ordonnance d'après la Loi Romaine * sçavoir : par Ecrit, par la Confession de l'accusé, & par des Indices ou Présomptions. Ce qui a donné lieu à la division des Preuves en *testimoniale*, *litterale*, *vocale*, & *conjecturale*.

C'est sur le vu des charges & Informations que se donne le *DÉCRET* contre l'accusé. L'Ordonnance veut que ce Décret, soit plus ou moins rigoureux, suivant la nature du Crime, la

---

* Sciant cuncti accusatores eam se rem deferre in publicam notionem debere; quæ instructa sit apertissimis documentis; vel munita idoneis testibus, vel judiciis ad probationem indubitatis & luce clarioribus. *L. fin. Cod. de Testib.*

qualité des Parties, & celle de la Preuve. Elle veut de plus, qu'on ne puiſſe décerner le Décret de *priſe de corps* contre des perſonnes domiciliées, que lorſqu'il s'agit de crimes méritant Peines afflictives, ou infamantes.

Sur ce Décret, ou l'Accuſé comparoît, ou il ne comparoît point; en ce dernier cas, on lui fait ſon Procès par *CONTUMACE*, après lui avoir fait donner deux aſſignations différentes, l'une à quinzaine, & l'autre à huitaine à ſon de trompe.

Lorſqu'il comparoît, on lui fait ſubir *INTERROGATOIRE*, ſur les faits réſultans des charges & informations. Le Juge ne doit y procéder, qu'après avoir fait prêter *ſerment* à l'accuſé, afin que le reſpect dû à la Religion, le porte plus volontiers à dire la vérité; mais il doit n'uſer d'aucune ſurpriſe à ſon égard, & faire attention, que cet Interrogatoire n'eſt pas ſeulement fait pour acquérir des preuves contre l'accuſé, mais encore pour ſervir à ſa décharge, par le moyen des faits juſtificatifs, qu'il a droit d'y poſer, aux termes de l'Ordonnance.

C'eſt ſur le vu, tant de cet Interrogatoire, que des charges & Informations que le Juge doit, au cas que l'accuſation lui paroiſſe de nature à ne pouvoir donner lieu qu'à de ſimples condamnations pécuniaires, convertir le Procès criminel en Procès ordinaire; ce qui s'appelle *civiliſer* le Procès. Si au contraire il trouve que la matière demande une plus ample Inſtruction, & ſoit de nature à pouvoir donner lieu à quelque peine afflictive ou infamante, il doit ordonner *LE REGLEMENT à l'extraordinaire*, c'est-à-dire, que les témoins seront *recollés* en leurs dépositions, & *confrontés* à l'accusé qui peut alors les reprocher, & poser pareillement ses faits justificatifs.

C'est après le Recollement & la Confrontation, que l'instruction est censée entiérement faite; & que les Juges doivent s'assembler, pour procéder au Jugement définitif. Cependant, il y a encore un Acte essentiel de procédure, qui doit se faire en présence de ces Juges, avant qu'ils passent aux Opinions: cest le *dernier INTERROGATOIRE* qu'on fait subir à l'accusé; & dans lequel il peut aussi poser ses faits justificatifs. Il faut de plus observer, qu'en opinant sur le Procès, les Juges peuvent rendre trois ſortes de Jugemens *interlocutoires* qui tendent à acquérir de nouvelles preuves, pour ou contre l'accuſé.

Le *premier* eſt celui par lequel l'accuſé eſt admis à la preuve de ſes *FAITS JUSTIFICATIFS*, qu'il aura poſé dans ſes Interrogatoires, & Confrontations.

Le ſecond, eſt le Jugement qui condamne l'accuſé à la *QUESTION* ou Torture. Mais celui-ci ne peut avoir lieu, ſuivant l'Ordonnance, que ſous pluſieurs Conditions également eſſentielles & rigoureuſes. La *premiére*, que le crime ſoit de nature à mériter la peine de Mort. La *ſeconde*, que le Corps du Délit ſoit conſtant. La *troiſiéme*, qu'il y ait une preuve conſidérable, que l'accuſé en eſt l'auteur; enſorte qu'il ne manque plus que ſa confeſſion pour le convaincre entiérement de ce crime. La *quatriéme*, que le Jugement ne puiſſe être rendu qu'après l'entière inſtruction du Procès, de manière qu'il ne reſte plus d'autre moyen d'acquérir la preuve contre cet accuſé. La *cinquiéme*, qu'il ne puiſſe être rendu par le Juge ſeul de l'inſtruction, mais par le même nombre de Juges qui eſt preſcrit pour les Jugemens définitifs. La *ſixiéme*, que, s'il eſt rendu par des premiers Juges, il ne puiſſe être exécuté qu'après qu'il a été confirmé par les Cours ſupérieures, encore même que l'accuſé n'en interjetteroit point appel.

Il y a encore un cas, où la Queſtion peut être ordonnée, non point par un Jugement interlocutoire; mais par le Jugement définitif même, qui condamne l'accuſé au dernier ſupplice : c'eſt celui où le crime eſt de nature à n'avoir pu être commis par l'accuſé ſeul, ou qu'il y a preuve par les charges & informations, qu'il a eu des Complices. Alors, il eſt d'uſage d'ajouter dans le Jugement, que l'accuſé ſera mis préalablement à la Queſtion, pour avoir révélation de ſes Complices; ce qui a fait appeller cette Queſtion *Préalable*, pour la diſtinguer de celle qui s'ordonne avant le Jugement définitif, & qu'on appelle par cette raiſon, Queſtion *Préparatoire.*

La *troiſième* eſpèce de Jugement interlocutoire, qui peut ſe rendre lors de la viſite du Procès, eſt celui du plus *Amplement informé*, qui a lieu, toutes les fois qu'il n'y a pas aſſez de preuves pour condamner, & qu'il n'y en a pas non plus aſſez pour abſoudre l'accuſé. Nous parlons principalement ici du plus *amplement informé à tems*, comme de ſix mois ou d'une année, après lequel tems, il faut revoir le Procès, pour rendre le Jugement définitif. Car pour le plus amplement informé *indéfini*, qu'on appelle autrement *uſquequo*, on peut dire, qu'il participe plutôt du Jugement définitif, que de l'interlocutoire, en ce qu'il ne donne point lieu à la réviſion du Procès, à moins qu'il ne ſurvienne de nouvelles Preuves.

Enfin, hors ces cas particuliers, & lorſqu'il n'y a plus de nouvelles preuves à eſpérer, les Juges doivent paſſer au *JUGEMENT DÉFINITIF*. L'Ordonnance preſcrit pluſieurs choſes, ſoit pour la forme, ſoit pour le fond de ce Jugement. Elle veut d'abord, quant à la *Forme*, qu'ils y procèdent *inceſſamment* & par préférence aux affaires civiles. Elle fixe enſuite le *nombre des Juges* qui doivent y aſſiſter, & le *nombre des voix* qui eſt néceſſaire pour prevaloir en cette matière : elle veut qu'il ne puiſſe y avoir de partage, comme en matière Civile ; mais que, lorſqu'il y à égalité de voix, l'on s'en tienne à l'avis le plus doux ; de manière que l'avis le plus ſévére ne puiſſe l'emporter, que lorſqu'il prévaut d'une voix dans les Procès qui ſe jugent à la charge de l'appel, & de deux, dans ceux qui ſe jugent en dernier reſſort.

Pour ce qui concerne le *Fond* de ce Jugement, il doit conſiſter néceſſairement dans l'abſolution

ſolution, ou dans la condamnation de l'accuſé.

1°. Quant à l'Abſolution; elle peut être prononcée d'une manière plus ou moins complette, ſuivant la qualité de la preuve qui eſt au Procès. Ainſi lorſqu'il n'y a au Procès aucune preuve contre l'accuſé; alors, les Juges doivent ſans difficulté prononcer ſon abſolution *pure & ſimple*, & condamner ſes Accuſateurs ou Dénonciateurs à ſes dommages & intérêts; & même à de plus grandes peines, ſi l'accuſation ou la dénonciation ſont évidemment calomnieuſes. Il en doit être de même dans le cas, où les preuves que l'on oppoſeroit à l'accuſé, ſe trouveroient détruites par celles de ſes faits juſtificatifs; ou même contrebalancées par d'autres preuves ou circonſtances qui militeroient en ſa faveur;

parce que dans le Doute, la Loi veut que l'on panche toujours en faveur de l'accusé. * Mais si les preuves que l'accusé rapporte pour sa justification, n'étoient point assez fortes pour dissiper tous les soupçons qui s'élevent contre lui; alors c'est le cas du *HORS DE COUR*, dont l'effet est d'empêcher, que l'Accusé ne puisse poursuivre ses dommages & intérêts contre son Accusateur ou Dénonciateur.

2°. Si au contraire, bien loin de pouvoir justifier son innocence, l'accusé se trouve *duement* convaincu, par les preuves qui résultent des charges & informations. Dans ce dernier cas, le Juge ne peut se dispenser de

---

* Actore non probante reus absolvitur. *V. L. 4. Cod. de Edendo.*

ſe condamner à la *peine* que mérite ſon crime.

Mais quand peut-on dire que l'accuſé eſt duement convaincu, & qu'il eſt puni de la peine que mérite ſon crime ? Pour ce-la, il faut diſtinguer, parmi les différens crimes, ceux qui ſont *occultes* de leur nature, & ſe commettent par trahiſon, de ceux qui ſe commettent ouvertement & ſans préméditation. A l'égard de ces *derniers*, comme la preuve en eſt facile à acquérir, l'on ne peut en ordonner la punition, que lorſque l'accuſé eſt convaincu de la manière la plus complette, comme par la dépoſition conforme de deux témoins irréprochables, qui déclareroient lui avoir vu commettre le crime.

Mais à l'égard des crimes de la *première* eſpéce, comme ils ſe commettent en ſecret, & avec des précautions, qui rendroient le plus ſouvent impoſſible la preuve dont nous venons de parler, la néceſſité d'empêcher l'impunité de ces ſortes de crimes, dont l'effet preſque toujours inévitable les rend infiniment plus dangereux dans la ſociété, a obligé de ſe relâcher de la rigueur de cette preuve, & d'y ſubſtituer les trois autres genres de preuves, que nous avons remarqué d'après l'Ordonnance & les Loix, ſçavoir : la *Littérale*, la *Vocale*, & la *Conjecturale*. Le dégré auquel doivent être portées ces dernières preuves, pour opérer la conviction, ſe trouve marqué par les Loix, qui ont en même temps déterminé les conditions néceſſaires pour les rendre Juridiques. Nous croyons ſeulement devoir observer ici en général, que ces preuves, quoiqu'imparfaites de leur nature, peuvent devenir complettes par leur réunion; & c'est de quoi l'Auteur n'a pu s'empêcher de convenir lui-même, lorsqu'il dit: *p.* 40. « Quant aux preuves » imparfaites, il en faut un assez » grand nombre pour former » une preuve parfaite, c'est-à-» dire, qu'il faut, que, quoique » chacune n'exclue pas la possi-» bilité de l'innocence, la réu-» nion de toutes, contre l'ac-» cusé, exclue cette possibilité.... » Que d'ailleurs les preuves im-» parfaites ausquelles l'accusé ne » répond rien de satisfaisant, » quoique son innocence dût lui » fournir les moyens d'y répon-» dre, deviennent parfaites ».

Pour ce qui concerne la Manière de *punir* le crime, après

qu'il eſt conſtaté de quelqu'une des manières que nous venons d'indiquer ; il faut auſſi diſtinguer entre les crimes, ceux dont la peine ſe trouve déterminée par la Loi, & ceux dont la peine eſt laiſſée à l'arbitrage du Juge. Cette diſtinction eſt tirée du droit Romain, où les premiers ſont appellés crimes *ORDINAIRES*, & les derniers, crimes *EXTRAORDINAIRES*. *Quia extra ordinem puniuntur.*

A l'égard des Crimes de la *premiére* eſpéce, les Juges ne peuvent prononcer contre l'accuſé qui en eſt convaincu, d'autres peines, que celle qui eſt marquée par la Loi, ſans même pouvoir en augmenter ni tempérer la rigueur. Il n'y a que le Prince ſeul * qui puiſſe abolir ou com-

* Supplicatur Principi, ut ipſe declaret

muer cette peine, *ſoit* par de nouvelles Loix, duement publiées & vérifiées dans les Cours; *ſoit* par des Lettres de Grace, qu'il accorde, & qu'il refuſe auſſi quelquefois dans certains cas qui ne peuvent s'excuſer, tels que les crimes de Lèze-Majeſté & d'Aſſaſſinat, &c.

Pour ce qui concerne les crimes, dont la peine ne ſe trouve point portée expreſſément par la Loi; quoique ce ſilence ſemble laiſſer aux Juges la liberté de déterminer eux-mêmes cette peine; ils ne doivent pas néanmoins oublier, que le ſujet particulier de ce ſilence, ne venant que de ce que l'atrocité, ou la légéreté de ces crimes, dé-

---

voluntatem ſuam & duritiem Legis ejus humanitati incongruam emendet. *L. 9. Cod. de Leg. & Conſtit. Princip.*

pend principalement des circonſtances qui les accompagnent, & qui peuvent varier à l'infini, il faut auſſi, pour qu'ils ſe conforment à l'eſprit de la Loi ſur ce point, qu'ils ayent ſoin, dans la détermination de ces peines, de ne point s'écarter de certaines regles générales qu'elle a établies en cette manière. *

Ces Regles, qui nous ſont tracées principalement par les Loix Romaines, que l'Auteur peut d'autant moins ſuſpecter, qu'elles forment le Droit commun de ſon Pays, ſont: 1°. Que la peine doit être proportionnée à la qualité du crime. † Ainſi

---

* Facti Quæſtio eſt in arbitrio judicis, non etiam juris auctoritas. *L. Ordine* 25. *ff. ad municipalem.*

† Pœna eſt commenſuranda delicto. *L. Sancimus. Cod. de Pœnis.* v. auſſi *L.* 13. *ff. Cod. Tit.*

comme

comme parmi les crimes, il y en a qui attaquent la *Perſonne*, d'autres l'*Honneur*, d'autres enfin, les *Biens*; les Loix ont auſſi diſtingué à ce ſujet, trois ſortes de peines, les Corporelles ou afflictives, les Infamantes & les Pécuniaires *.

De toutes les peines corporelles, la plus grande eſt celle de *Mort*; qui a lieu principalement pour les crimes qui attaquent directement la vie des hommes; quoiqu'elle puiſſe être auſſi infligée pour d'autres crimes, lorſqu'ils troublent eſſentiellement l'ordre public, & qu'il a été reconnu par expérience, qu'il n'y avoit point d'autre moyen d'en empêcher le pro-

---

* Pœna autem non tantùm pecuniaria verum Capitis & exiſtimationis irrogari ſolet. *L. aliud. ʃʃ.* 1. *ff. de verbor. ſignif.*

grès ; ou les récidives, comme *v. g.* en fait de Vol, & de Faux, &c. Les autres peines corporelles & afflictives, qui sont connues parmi nous, sont, les *Galeres*, le *Bannissement*, le *Fouet*, la *Flétrissure*, le *Carcan*, &c. L'on y comprend aussi la *Question*, quoique dans le principe nous la considérions moins comme une peine, que comme un moyen pour parvenir à la preuve.

Les peines infamantes sont, le *Blâme*, l'*Amende-Honorable*, ou même la *simple Amende* lorsqu'elle est prononcée par Arrêt, l'*Aumône* en matière civile, la *Dégradation de Noblesse*, l'*Interdit perpétuel d'un Office.*

Enfin les peines pécuniaires, sont la *Confiscation*, les *Intérêts Civils*, les *Dommages & Intérêts*, & *les Dépens.*

Une autre *Regle* que le Juge doit suivre dans l'application des peines, c'est qu'il n'en peut point prononcer d'autres, que celles qui sont établies par la Loi, ou par la Jurisprudence *.

Une troisiéme *Regle*, c'est que dans l'imposition des peines, le Juge ne doit affecter ni de la rigueur ni de la clémence, mais employer à propos l'une & l'autre, suivant l'exigence des cas; de manière qu'il panche plutôt pour la douceur en fait de Délits légers; & qu'à l'égard des crimes graves, il tâche, en se conformant à la Loi, d'y apporter tous les tempérammens qui peuvent dépendre de lui †.

---

* Pœna non irrogatur, nisi quæ quaque lege, vel quo alio jure specialiter huic delicto imposita est. *L.* 13. *ff de verbor. signif.*

† Perspiciendum est judicanti ut quid, aut durius, aut remissius constituatur quam

Une quatriéme *Regle*, c'est que dans les cas absolument douteux, le Juge doit incliner pour la clémence ; par la raison, comme nous l'avons dit, que l'on doit toujours pancher en faveur de l'innocence de l'accusé *.

Une cinquiéme *Regle*, c'est qu'il doit augmenter ou diminuer les peines, suivant les Circonstances qui ont accompagné le crime ; c'est-à-dire, suivant le *Motif* ou la *Cause* qui a porté

---

causa deposcit ; nec enim, aut severitatis, aut clementiæ gloria affectanda est, sed perpenso judicio prout quæque res expostulat statuendum est.... Planè in levioribus causis, proniores debent esse Judices ad lenitatem, in gravioribus severitatem legum cum aliquo temperamento, benignitatis subsequi. *L. Perspiciendum* 11. *ff. de Pœnis.*

* Satius est impunitum relinqui facinus nocentis, quàm innocentem damnari. *L.* 5. *ff. de Pœnis.*

à le commettre, la *Personne* de celui qui l'a commis, ou envers qui il a été commis, le *Lieu* où il est arrivé, le *Tems* ou l'heure, la *Qualité* ou la manière circonstantiée du crime, la *Quantité* ou la mesure qui s'y est trouvée, Enfin, l'*Evénement* ou les suites qu'il a eu *.

Une sixiéme REGLE, c'est qu'il y a lieu d'augmenter la rigueur des peines lorsque les crimes se multiplient, *soit* dans la *même* Personne, par sa mauvaise habitude †; *soit* dans *Plusieurs*, par des exemples pernicieux qu'elles donnent §; *soit* mê-

---

* Causâ, personâ, loco, tempore, qualitate & eventu. v. *L. aut facta ff.* 1. *ff. de pœnis.*

† Crescentibus delictis pœnæ exasperantur. *L.* 28. *ff.* 3. *ff. de Pœnis.*

§ Multis personis grassantibus exemplo opus est. *L.* 16. *ff.* 10. *Ibid.*

me dans de certains Pays, dont la position rend ces crimes plus dangereux, comme par exemple, le ravage, ou l'incendie des moissons dans des pays de bled, celui des vignes dans le vignoble, & enfin, l'altération des métaux dans les lieux où il y a des mines*.

Enfin, une septiéme & dernière *REGLE*, qui embrasse toutes les précédentes, c'est que le Juge doit avoir soin que les peines qu'il prononce, soient telles, qu'elles remplissent en même tems les trois objets † que la Loi s'est proposée en les éta-

---

* Ut in Affrica messium incensores, in Mysia vitium.... Ubi metalla sunt, adulteratores monetæ.

† Ad emendationem rei..... Ad solatium offensi...... Ut unius pœna metus possit esse multorum. *V. L. I, Cod. ad Leg. Jul. repetund.*

bliſſant, ſçavoir: 1° De corriger le coupable, & d'empêcher qu'il ne retombe dans le même crime, ou d'autres; 2° De venger le particulier offenſé, du préjudice qu'il a ſouffert du crime; 3° Et enfin, d'aſſurer l'ordre public, en détournant les autres par la terreur des châtimens, de commettre de ſemblables crimes.

Tel eſt le Précis de notre Juriſprudence criminelle, ſoit pour la manière de procéder à l'inſtruction des crimes, ſoit pour celle de les punir. Jugez d'après cela, Monſieur, ſi notre Auteur eſt bien fondé dans le reproche qu'il lui fait, d'être un tiſſu monſtrueux de cruautés, d'erreurs accumulées, d'irrégularités; d'être purement offenſive, & de préſenter l'idée de la force & de la puiſſance, plutôt que celle de la Juſtice.

Peut-on au contraire n'y pas reconnoître cette marche toujours égale, cette balance exacte de la Justice, qui pese tout au poids du Sanctuaire, & qui prête une main secourable à l'innocence opprimée; tandis que de l'autre, elle poursuit & frappe de son glaive vengeur, le vice confondu?

Mais pour mieux vous faire sentir encore, s'il est possible, toute l'injustice de pareils reproches; Suivons l'Auteur dans le détail des objets particuliers, sur lesquels il a exercé sa critique; & vous allez voir, que soit par affectation ou ignorance, il ne se contente pas de vouloir transformer en de prétendus *abus*, les usages les plus légitimes; mais qu'il va même jusqu'à nous supposer de prétendus *usages* que nous n'avons pas.

Je dis d'abord, qu'il nous prête des usages que nous n'avons pas, & je veux parler entr'autres des imputations gratuites qu'il nous fait.

» 1°. D'admettre les accusa- P. 55.
» tions secrettes.

» 2°. De rejetter le témoi- P. 46.
» gnage des femmes.

» 3°. De laisser à l'arbitrage P. 33.
» du Juge, le soin de déterminer
» les indices nécessaires pour em-
» prisonner un étranger.....

» 4°. De regarder la prison P. 35.
comme infamante......

» 5°. D'autoriser les interro- P. 61.
» gations *suggestives*, ou les sur-
» prises que peut faire le Juge à
» l'accusé qu'il interroge.

» 6°. Et enfin, de ne garder P. 50.
» aucune regle pour la preuve &
» la punition des crimes atroces,
» qui sont occultes de leur na-
» ture, tels que la *Pédérastie*,
» l'*Adultere*, l'*Infanticide*, & de

» nous contenter à cet égard des » plus légers indices, ſuivant cet » axiome des Juriſconſultes, *in » atrociſſimis leviores conjecturæ » ſufficiunt, & licet Judici jura » tranſgredi* ».

Je ne ſçais en effet où l'Auteur peut avoir pris tout ce qu'il nous impute ſur ces différens points. S'il s'étoit donné la peine de conſulter notre Code criminel, celui-même de toutes les Nations policées, & ſingulièrement de ſon Pays, il auroit vu :

1°. Que ces *accuſations ſecrettes* dont il parle, ont été entièrement abolies avec les actions *populaires*, qui leur avoient donné naiſſance ; & qu'elles l'étoient même déjà du tems des Empereurs, au rapport de Suetone & de Pline* ; enſorte que nous

* V. *Sueton* : in Veſpaſ. & *Plin.* in paneg. Traj. *V. L. 2. Cod. Theod. de Delat.* & *L. 2. ff. de Jure fiſci.*

ne connoiſſons plus, comme nous l'avons dit, d'autres Accuſateurs parmi nous, que ceux qui ont quelque intérêt direct ou indirect à la punition du crime, ſoit par le devoir de leur charge, comme le Miniſtere public; ſoit par le préjudice réel qu'on en reſſent, ou comme Particulier, ou comme *Membre de la Société.* C'eſt principalement ſous ce dernier point de vue que nous conſidérons les *Dénonciateurs*; quoique ceux-ci puiſſent avoir d'ailleurs un intérêt direct à la poursuite du crime, & ne s'abſtiennent de paroître ouvertement, que parce qu'ils ne ſont point en état d'avancer les frais du Procès. Au ſurplus, nous ne les diſtinguons point des autres accuſateurs, c'eſt-à-dire, qu'ils ſont, comme ceux-ci, ſujets à être pourſuivis par l'accusé renvoyé absous pour ses dommages & intérêts ; non-seulement lorsque leur dénonciation se trouve calomnieuse, mais même simplement mal fondée ; & que pareillement ils peuvent poursuivre leur dommages & intérêts contre l'accusé qui vient à succomber.

2°. Il auroit vu aussi, que nous admettons le témoignage des *femmes*, en matière criminelle, comme en matière civile ; & que nous avons seulement retenu l'exclusion que le Droit Romain avoit prononcé contr'elles, par rapport aux Testamens *.

3°. Que rien n'est plus contraire à l'esprit de nos Loix, que la

* Ex eo quod prohibet Lex Julia de adulteriis testimonium dicere condemnatam mulierem, colligitur etiam mulieris testimonium in judicio dicendi jus habere. *L. 18. ff. de testib.*

prétendue *liberté* qu'il ſuppoſe dans les Juges de déterminer les indices ſuffiſans pour *empriſonner* un citoyen. Nous venons de voir, d'après la diſpoſition de notre Ordonnance fondée ſur ces mêmes Loix *, que non-ſeulement les Juges ſont aſtreints, pour toutes ſortes de Décrets, de conſidérer la nature du crime & la qualité de l'Accuſé, auſſi-bien que celle de la preuve; mais qu'ils doivent de plus, par rapport au Décret de priſe Corps, ne le décerner contre des perſonnes domiciliées, que lorſqu'il s'agit de crimes méritans peine afflictive ou infamante: enſorte que, ſi les premiers Juges ve-

* Æſtimare ſolet (Judex) utrum in carcere recipienda ſit perſona, an militi tradenda, vel fide juſſoribus committenda pro criminis qualitate, vel propter honorem, aut facultates. *L.* 1. *ff. de cuſtod. reor.*

noient à s'écarter de ces Régles, l'Accusé peut faire réformer leurs Décrets, par la voie de l'Appel, & des Défenses qui lui est ouverte par la même Ordonnance. Si cette Loi ne s'est pas expliquée d'une manière plus précise, relativement au dégré de preuve qui étoit nécessaire dans tous ces cas; elle ne l'a fait sans doute, que pour donner à entendre que ce dégré de preuve devoit être différent, suivant les différens crimes & les différens Accusés; & qu'en général l'on ne devoit point exiger, pour le Décret, une preuve aussi considérable que pour la Torture, ou pour la condamnation de l'Accusé.

4° Qu'il s'en faut tellement que nous regardions la *Prison* comme *infamante*; que nous l'admettons en matière civile;

comme en matière criminelle; & que nous ne la regardons pas même comme une peine, ſuivant cette maxime générale établie par les Loix Romaines: *Carcer ad cuſtodiendos non ad puniendos homines adhiberi ſolet* * tellement que ces Loix donnoient même une action contre ceux qui oſoient en faire le reproche †.

5° Que le reproche que l'Auteur nous fait d'admettre les *Interrogations ſuggeſtives* contre l'Accuſé, eſt d'autant plus gratuit & plus injuſte, que nous venons de voir, d'après la diſpoſition de notre

---

* V. L. aut damnum *ff. ſolent ff. de Pœnis.*

† Sic & D. Pius & alii Principes reſcripſerunt, ut etiam de his qui requirendi adnotati ſunt, non Quaſi pro damnatis, ſed Quaſi re integra queratur, ſi quis erit qui eos arguat. *L. 6. Divus Adrianus. ff. de cuſtod. reor.*

Ordonnance, que le Juge doit puiſer dans les Interrogatoires les faits juſtificatifs de l'Accuſé. D'ailleurs n'eſt-ce pas nous faire injure, que de nous croire capables d'autoriſer dans nos mœurs des ſurpriſes que les Loix Romaines ont réprouvé elles-mêmes dans le tems du Paganiſme * ?

6° Nous n'avons jamais penſé que les Indices, même les plus légers, puiſſent ſuffire pour la preuve des crimes les plus atroces qui ſont occultes de leur nature : loin de-là, nous avons

* Si parum prudenter non exquiſitis argumentis ſimpliciter denotare Irenarchem detuliſſe, ſed ſi quod maligne aut interrogaſſe, ut non dicta retuliſſe prodictis eam compererit ut vindicet in exemplum, ne quid & aliud poſtea tale facere moliatur. *L. 6. ſſ. Divus Adrianus ff. de Cuſtod. ut exhib. reor.*

toujours

toujours eu pour maxime que plus un crime eſt atroce, moins il doit ſe préſumer ; &, ſi nous avons admis la preuve par indices pour ces ſortes de crimes, ce n'eſt, comme nous l'avons dit, que parce qu'ils ſe commettent ſi ſecrétement & avec tant de précautions, qu'il ſeroit le plus ſouvent impoſſible de trouver des témoins qui les auroient vu commettre. Au reſte nous avons vu, d'après ces termes de la Loi *Indiciis ad probationem indubitatis*, que cette preuve pouvoit être auſſi complette dans ſon genre, que celle par témoins ; ce qui s'entend lorſque ces indices ſont tels qu'on ne peut les regarder que comme une conſéquence néceſſaire du crime, qu'ils ſont en certain nombre, & qu'ils ſont prouvés chacun en particulier par deux témoins; mais il faut sur-tout qu'ils soient accompagnés de l'existence du corps du Délit qu'on sait devoir être la baze de toute accusation dans des crimes qui sont de nature à laisser des traces après eux. L'Auteur peut d'autant moins contester ce principe, qu'il est convenu d'ailleurs, comme nous l'avons observé, que les preuves imparfaites pouvoient former une preuve parfaite, lorsqu'elles étoient en certain nombre, ou avouées tacitement par l'accusé qui ne répondroit rien de satisfaisant à ce sujet. L'on seroit curieux de savoir où il a puisé le prétendu axiome qu'il nous oppose; il le cite d'après tous les Jurisconsultes en général, & cependant bien loin de trouver ce langage unanime qu'il leur fait tenir, l'on ose dire qu'il n'en eſt pas un ſeul de tous ceux qui ſont les plus connus, même d'Italie, tels que Julius Clarus & Farinacius * qui ne ſoutienne des principes abſolument oppoſés ; du-moins pour ce qui concerne la condamnation de l'Accuſé, car, pour le Décret, nous avons vu que la Loi n'exigeoit point une preuve auſſi complette ; & c'eſt vraiſemblablement de ce dernier cas qu'auroient voulu parler les Juriſconſultes dans le prétendu axiome qu'on leur attribue.

Quand nous avons dit que l'Auteur vouloit transformer en Abus ce qui n'en étoit pas, nous avons voulu parler de certains points de notre Juriſprudence qu'il combat, tels que ceux-ci. « De re-

* V. Jul. Clar. Qu. 20. verſ. fin. & Far. Qu. 86, Prax. Crim.

» jetter indiſtinctement le témoi-
» gnage des *infames* & de ceux
» qui ſont *morts civilement* ;.... de
» faire prêter *ſerment* aux Accu-
» ſés avant leur interrogatoire;...
» d'employer la voie de la *torture*
» pour leur faire confeſſer leurs
» crimes, ou révéler leurs com-
» plices;... de prononcer la peine
» de *mort*,... & celle de la *con-*
» *fiſcation* des biens;... de ne
» point tant conſidérer dans le
» crime le *dommage* qu'il cauſe
» au Public, que l'*intention* de
» celui qui le commet, la *qualité*
» de la perſonne offenſée, & l'in-
» jure qu'il fait à *Dieu*;... de pu-
» nir également les crimes com-
» mencés, comme ceux qui ſont
» conſommés;... de punir moins
» ſévérement les crimes commis
» par des perſonnes d'un rang
» élevé, que ceux des perſonnes
» d'une condition baſſe;... de ne

» pas préférer dans le choix des » peines celles qui sont les moins » cruelles, & les moins sensibles » sur le corps du criminel ».

L'Auteur s'éleve contre tous ces usages, par des raisons que nous allons reprendre, & réfuter en peu de mots.

Il prétend, en *premier* lieu, que l'on doit admettre le témoignage des infâmes & des condamnés à mort, toutes les fois qu'ils n'ont aucun intérêt de mentir. Mais d'abord, comment peut-on juger que des témoins de cette espéce n'ont aucun intérêt de mentir? Qui ne sait que des hommes capables de commettre des actions mauvaises, & reconnus publiquement pour tels, font consister le plus souvent leur intérêt particulier à nuire aux autres, & à les entraîner avec eux dans le précipice? D'ailleurs comment peut-on exiger raisonnablement que la Justice leur rende sa confiance, après qu'ils en ont si indignement abusé par des actions qui l'ont obligé à les rejetter de son sein, & à leur fermer l'entrée à toutes fonctions publiques? Enfin, pourquoi l'Auteur veut-il que nous soyons moins délicats sur ce point, que ne l'étoient les Romains eux-mêmes de qui nous avons emprunté cet usage * ?

P. 54. 2° L'Auteur se récrie contre l'usage du *serment* qu'on fait subir aux Accusés, & il le fait avec

---

* Nam quidam propter reverentiam personarum; quidam propter lubricum consilii sui, alii verò propter notam & infamiam vitæ suæ admittendi non sunt ad testimonii fidem *L. 3. ff. lege Julia ff. de Testib.*

* In testimonium accusator non citare debet eum qui judicio publico reus erit. *L. 20. ff. eod. Tit.*

ſi peu de réflexion, qu'il ne rapporte pas même la raiſon la plus ſpécieuſe que l'on pourroit donner à cet ſujet, & qui a déterminé certaines Nations, & entr'autres l'Allemagne, à abdiquer cet uſage : ſavoir, qu'il eſt à préſumer que tel qui a été capable de commettre le crime, eſt capable de faire un parjure pour le cacher. Les raiſons qu'apporte l'Auteur ſont d'une part, qu'il eſt, dit-il, contre la Nature que le coupable s'accuſe lui-même ; & de l'autre, que l'expérience fait voir que jamais le ſerment n'a fait dire la vérité à un coupable. Mais s'il falloit abolir le ſerment, parce qu'il eſt contre la Nature que le coupable s'accuſe lui-même, il faudroit par la même raiſon abolir l'interrogatoire, que l'Auteur convient néanmoins être un acte essentiel de la Procédure. A l'égard de l'expérience, il s'en faut bien qu'elle ne soit aussi certaine que l'avance l'Auteur, puisque cet usage n'a pas laissé que de se conserver parmi nous, & presque dans toutes les Nations policées, nonobstant les efforts réitérés qu'on a fait pour l'abolir. Et, comment après tout, ne s'y seroit-il pas conservé, puisque les Payens eux-mêmes n'ont pû s'empêcher d'en reconnoître l'utilité, comme il paroit par ce passage de Cicéron *: *Nullum enim vinculum ad astringendam fidem jurejurando Majores arctius esse voluerunt, indicant id Leges 12 tabul.*

P. 67 & suiv. 2° Si l'on en croit l'Auteur,

* Cic. de Offic. Lib. 3. servanda est hosti fides. *n.* 111.

il faut aussi abolir l'usage de la TORTURE, comme étant une voie tout à la fois, cruelle, injuste, inutile & dangereuse: *Cruelle*, dit-il, en ce qu'elle tend à tourmenter un homme avant qu'il soit convaincu du crime; *injuste*, en ce que c'est confondre tous les rapports, que d'exiger qu'un homme soit lui-même son Accusateur; *inutile*, en ce que, de l'aveu des Jurisconsultes, la confession faite dans la Torture est nulle, si elle n'est confirmée par serment depuis la cessation du tourment; enfin *dangereuse*, parce que l'expérience a fait voir que plusieurs innocens d'une complexion foible se sont avoués coupables dans ce tourment; tandis qu'une foule de scélérats robustes ont au contraire, par ce moyen, échappé à la peine due à leur crimes. L'Auteur prétend aussi s'appuyer de l'exemple des Romains, qui n'avoient, dit-il, réservé cette espece de tourment que pour leur Esclaves; & par celui de certaines Nations qui en ont banni entiérement l'usage.

On pourroit d'abord écarter d'un seul mot tout ce que dit l'Auteur à ce sujet, en observant qu'il ne fait que répéter ce qui a été dit par plusieurs autres Auteurs qui se sont déchaînés, comme lui, contre cet usage, sans avoir pû empêcher qu'il ne se soit perpétué jusqu'à nos jours. L'on pourroit même lui opposer le peu de succès de ces premières tentatives, avec d'autant plus d'avantage, que ces Auteurs ont tous écrit avant l'Ordonnance de 1670 qui, par les précautions rigoureuses qu'elle a établies à cet égard, a remédié à la plupart des inconvéniens qui avoient excité le zèle de ces Auteurs. Nous avons remarqué, en traitant de la Procédure, en quoi consistoient ces précautions *, & nous avons fait voir qu'elles sont telles, qu'on doit regarder aujourd'hui celui qui est dans le cas d'éprouver ce tourment, comme étant plus qu'à demi convaincu du crime; ensorte que le danger de confondre l'innocent avec le cou-

---

* *Nota.* La Précision que nous nous sommes proposé ne nous permet pas d'entrer ici dans le détail de plusieurs autres Précautions qui sont marquées par les Auteurs en pareils cas, soit par rapport aux différentes *manières* de donner la Question, soit par rapport à l'*ordre* qu'on doit garder entre plusieurs accusés, soit par rapport au *tems* qu'elle doit durer, soit enfin, par rapport à l'*état* actuel où se trouve l'Accusé pendant ce tourment.

pable n'eſt point à beaucoup près auſſi à craindre qu'il l'étoit avant cette Loi. Auſſi, l'on croit pouvoir aſſûrer avec confiance que, pour un exemple que l'on pourroit citer depuis un ſiécle d'un innocent qui ait cédé à la violence du tourment, l'on ſeroit en état d'en oppoſer un million d'autres, qui ſervent à juſtifier que, ſans le ſecours de cette voie, la plupart des crimes les plus atroces, tels que l'*Aſſaſſinat*, l'*Incendie*, le *Vol de grand chemin*, ſeroient reſtés impunis; & par cette impunité, auroient engendré des inconvéniens beaucoup plus dangereux que ceux de la Torture même, en rendant une infinité de Citoyens les innocentes victimes des ſcélérats les plus ſubtils. Ainſi, par exemple, en fait d'Homicide ou de Vol, poſons le cas où l'on ne pourroit trouver le cadavre de la perſonne tuée, ou l'argent volé, parce qu'ils auroient été cachés dans un certain endroit par le meurtrier, ou le voleur, qui ne voudroient pas le déclarer volontairement. Comment la Juſtice pourroit-elle parvenir à en avoir connoiſſance, autrement qu'en les forçant de faire cette déclaration par la violence du tourment? & ſi, enſuite de la déclaration qu'ils feroient alors, l'on ſe tranſportoit dans l'endroit indiqué, & l'on y trouvoit effectivement le cadavre ou l'argent en queſtion, vainement l'Accuſé voudroit-il rétracter enſuite ſa confeſſion, ſur le prétexte qu'elle n'auroit été que l'effet du tourment? Il faudroit du-moins convenir dans ce cas particulier, que, pour avoir été forcée, cette confession n'en seroit pas moins véritable, & que la découverte qu'elle produiroit étant absolument nécessaire pour l'entière conviction du crime, on ne pourroit dire alors que la Torture auroit été inutile, encore moins injuste & cruelle, comme il plaît à l'Auteur de la qualifier.

L'on pourroit encore apporter plusieurs autres exemples, où l'expérience a fait voir pareillement l'utilité de la Torture, si cette utilité ne se trouvoit pas d'ailleurs suffisamment justifiée, & par l'*avantage* particulier qu'y trouve l'Accusé luimême, en ce qu'on le rend par-là Juge dans sa propre cause, & le maître d'éviter la peine capitale attachée au crime dont il est prévenu, & par l'*impossibilité* où l'on a été jusqu'ici d'y suppléer par quelqu'autre moyen aussi efficace & sujet à moins d'inconvéniens, & enfin par l'*ancienneté* & l'*universalité* de cet usage qui remonte aux premiers âges du monde, & qui a été adopté, comme l'on sait, par toutes les Nations, & par les Romains eux-mêmes, qui, quoique dans les premiers tems ils ne l'ayent employés ordinairement que pour les esclaves, n'ont pas laissé que de l'étendre dans la suite aux personnes libres ; tellement qu'ils n'en exceptoient que les Personnes illustres, les Magistrats & les Soldats : & encore y assujettissoient-ils ces derniers en fait de crimes de Lèze-Majesté, comme on le voit sous les titres de *Quæstionibus* au CODE & au DIGESTE *.

---

*. V. entr'autres la L. *Ubi clarissimi*, & la L. *Milites*, & la Loi *Decuriones*, au

Au reste, l'exemple d'une ou deux Nations qu'on prétend s'être écarté en dernier lieu de ce même usage, sont des exceptions qui ne servent qu'à mieux confirmer la Régle générale sur ce point. Mais enfin, s'il étoit question de se décider ici par des exemples, en pourroit-on citer qui puissent paroître moins suspects & en même-tems plus respectables aux yeux de l'Auteur, que ceux que lui fournit son pays même, & généralement tous les Etats qui dépendent de l'Empire? Il suf-

---

titre du Code *de Quæstion.* & la Loi *nullus*, au tit. *ad Leg. Jul. Majest.*.......

V. aussi la Loi *Ire. ff. Quæstioni*, sous le même Titre *de Quæstionib.* au Digeste, ou en même tems que le Jurisconsulte annonce la Question *ut res fragilis & periculosa*; il convient qu'il y a des cas où elle peut être très-utile *Quæstioni fidem non semper, nec tamen nunquam habenda Constitutionibus declaratur.*

fira pour ne laiſſer aucune reſſource à ſes objections ſur ce point, de lui oppoſer la diſpoſition des Art. 54 & 61 de la fameuſe Ordonnance de Charles-Quint vulgairement appellée la *Caroline*. Le *Premier* porte, « Qu'il ne ſuffit » pas que le Criminel confeſſe » ſon crime dans la Queſtion, » ni ſes circonſtances; mais qu'il » faut encore que le crime & ſes » circonſtances ſoient vérifiées, » & qu'elles ſe trouvent telles » qu'il les a déclaré, ce qu'on » appelle *conſtater un Corps* » *de Délit*, comme *v. g.* vérifier » ſi le cadavre eſt effectivement » enterré ou jetté dans un tel » lieu que le criminel a déclaré, » ſi l'arme dont il s'eſt ſervi, ou » l'argent qu'il a pris au mort, » a été caché dans un tel lieu.

L'Article 61 *ajoute* « Que,

» quand les indices criminels » ont autorisé la procédure de » la Question, chacun étant » obligé, suivant les Loix, d'é- » viter non-seulement le crime; » mais même les apparences du » crime, qui lui donnent un mau- » vais renom, ou qui forment » des indices contre lui; de » sorte que celui qui ne sera pas » ainsi sur ses gardes, ne pourra » s'en prendre qu'à lui-même » de la sévérité qu'il se sera » attiré.....

4° L'Auteur se récrie encore contre l'usage de la peine de *Mort*. Il prétend qu'il faut l'abolir, & y substituer celle de l'*Esclavage perpétuel*. Les raisons particulières sur lesquels il prétend fonder la nécessité d'abolir la peine de mort sont en *premier lieu*, » Que les Loix n'étant, » dit-il, que la somme des por-

» tions de liberté de chaque » particulier, les plus petites que » chacun ait pu céder, l'on ne » doit point présumer que per- « sonne ait voulu donner aux au- » tres hommes le droit de lui » ôter la vie ;... Qu'il ne pouvoit » pas même le céder (ce droit) » n'ayant pas celui de se tuer » lui-même.... Que d'ailleurs » cette peine ne se trouve au- » torisée par aucun droit ; & » qu'elle ne pourroit l'être que » dans un seul cas ; savoir, lors- » que, privé de sa liberté, le » Citoyen auroit encore des re- » lations & une puissance qui » pourroient troubler la tran- » quillité d'une Nation, & pro- » duire une révolution dans la » forme du Gouvernement ».

2° Quant à l'*Esclavage perpétuel* que l'Auteur voudroit substituer à cette peine, il en donne pour

raiſon, « Que ce n'eſt point l'in-
» tenſité de la peine qui fait le
« plus grand effet ſur l'eſprit
» humain, mais ſa durée; Que
» la peine de mort exerce toute
» ſa force dans un court eſpace
» de tems, & par conſéquent
» qu'elle eſt un frein moins puiſ-
» ſant du crime, que le long &
» durable exemple d'un hom-
» me privé de ſa liberté, & de-
» venu un animal de ſervice
» pour réparer par les travaux
» de toute ſa vie le dommage
» qu'il a fait à la Société ».
L'Auteur s'appuie à cet égard
de l'exemple des Romains, & de
celui de l'Impératrice de Ruſſie;
& il répond enfin, à l'objec-
tion tirée de l'exemple contraire
de tous les ſiécles & de toutes
les Nations, en diſant que cet
*Exemple n'a aucune force contre
la Vérité à laquelle on ne peut*

opposer de prescription. .....

L'on ne peut d'abord qu'être revolté de la singularité de ce prétendu *Contrat Social* sur lequel l'Auteur a bâti son nouveau systême ; d'un Contrat, où l'on suppose que les hommes auroient cédé la moindre portion de liberté qu'ils auroient pu, tandis qu'ils se seroient réservés tacitement le droit de priver les autres, non-seulement de leur liberté, mais même de leur vie, sans craindre d'éprouver le même sort ; d'un Contrat, « où » chaque homme, comme l'Au- » teur le dit ailleurs, se fait le P. 111 » centre des toutes les combinai- » sons de l'Univers, & auroit en- » tendu lier les autres envers lui » sans se lier lui-même »..... Où seroit donc cette égalité, cette réciprocité qui doit faire la baze de tous les engagemens ? Où ſeroit cette proportion exacte qui doit ſe trouver entre le crime & la peine ; ſi l'on pouvoit priver du plus grand de tous les biens temporels qui eſt la *vie*, ſans s'expoſer ſoi-même à ſouffrir le plus grand de tous les maux qui eſt la privation de ce même bien, ſans lequel tous les autres deviennent inutiles ? Ainſi, ne fût-ce que relativement au crime de l'*Homicide*, il faudroit du-moins convenir qu'il y auroit une injuſtice ſouveraine de ne point faire ſouffrir aux meurtriers la même peine qu'ils font ſouffrir aux autres *, & par conſéquent que le ſyſtême de l'Auteur ſe trou-

---

* Quicumque ſanguinem humanum effuderit, ejus quoque ſanguis effundetur. *Geneſ. Cap* 9. *v.* 6.

veroit visiblement en défaut à cet égard.

Mais ce n'est pas seulement contre le Droit *naturel*, & le Droit *des gens* que peche le systême de l'Auteur, il est encore contraire à toutes sortes de Droits *positifs*, l'on veut dire au Droit civil & canonique, au Droit commun de toutes les Nations, & à l'Expérience de tous les siécles, qui autorisent en même-tems qu'ils justifient la nécessité de l'établissement de la peine de Mort.

1° L'on dit d'abord que ce systême est contraire à la disposition du Droit *canonique* * qui autorise cette peine d'après les

---

* Qui malos percutit in eo quod mali sunt, & habet vasa interfectionis ut occidat pessimos, minister est Domini. *Can* 29. *Qu.* 5. *Can.* 23. V. aussi *Can.* 27. *ibid.*

Livres ſaints où le ſouverain Légiſlateur en donne le Précepte par une Loi poſitive *; & ſur-tout dans ce beau paſſage de Saint Paul **, où en parlant de l'autorité du Prince ſur la vie des Malfaiteurs, il dit que *Non ſine cauſa gladium portat.* L'on a lieu de penſer que ces citations ne paroîtront point étrangères à un Auteur Italien.

2° Il eſt auſſi contraire à la diſpoſition du Droit *civil*; ceſt ce qui paroît d'abord par la Loi des 12 Tables †, & enſuite par une foule de Loix du Digeſte

* Si quis per induſtriam aut inſidias occiderit proximum ſuum, ab altare meo evelles eum ut moriatur, *Exod.* 21. *v.* 14.

** *Epiſt. S. Paul. ad Rom. Cap.* 13. 4.

† Qui alienas œdes acervumque frumenti juxta poſitum dolo malo commiſit vinctus, verberatus, igne necatur.

&

& du Code, qui prononcent expressément cette peine, non-seulement en fait d'homicide ; mais encore pour de certains crimes qui troublent essentiellement l'ordre public, comme l'*Incendie*, &c.

3° Il est de plus contraire au Droit *commun* de toutes les Nations. En effet, l'on ose défier l'Auteur d'en citer aucune où cette peine n'ait toujours été en usage. L'exemple unique de l'Impératrice de Russie ne peut être opposé à ce cri général de toutes les Nations ; & il peut d'autant moins être tiré à conséquence, qu'il n'est fondé uniquement, comme l'on sait, que sur la situation particulière d'une Province qui tendoit à favoriser la singularité de ce plan. D'ailleurs l'Auteur peut d'autant moins se prévaloir de cet exemple,

qu'il contrarie ouvertement le Principe général dont il con-
P. 153 & 162. vient lui-même; ſavoir, « Que » la peine, pour être juſte, doit » être publique, & qu'elle ne » doit point s'exécuter dans » un lieu éloigné de celui où » a été commis le crime, de » peur que l'exemple ne ſoit » perdu pour la Nation ».

4° Enfin ce ſyſtême eſt contraire à l'*Expérience* de tous les ſiécles, qui nous apprend que, de tous les moyens qui ont été employés juſqu'ici pour arrêter le progrès des crimes, on n'en a point trouvé de plus efficace que celui d'y attacher la peine du dernier ſupplice. C'eſt la raiſon qu'en rendent tous les Légiſlateurs dans le préambule de leurs Loix. C'eſt entr'autres le motif particulier qui a déterminé l'impoſition de cette peine pour les crimes de Faux & du Vol, comme on peut le voir par les Ordonnances de nos Rois.

Mais enfin, ce qui acheve de démontrer toute la néceſſité qu'il y a de laiſſer ſubſiſter cette peine, c'eſt l'impoſſibilité même où l'on a été juſqu'ici d'en trouver aucune autre qui ſoit capable de la remplacer ; & cette impoſſibilité ſe prouve par l'inſuffiſance même de celle que l'Auteur propoſe comme la plus capable d'y ſuppléer. En effet il faut convenir que l'*Eſclavage perpétuel* dont il parle, eſt une peine inſuffiſante, ſi elle ne remplit aucune des trois *fins* pour leſquelles les peines ſont établies ; ſavoir, de réparer le préjudice fait au particulier par le crime, d'aſſûrer l'ordre public en détournant les autres du même crime par la ſévérité de l'exemple, & enfin de contenir le criminel, & l'empêcher de retomber lui-même dans le crime, & de nuire davantage à la Société.

1° D'abord, l'on ne peut dire que, par l'*Esclavage perpétuel*, le Particulier, qui a souffert du crime, soit suffisamment vengé; puisque si c'est un meurtre, les héritiers de la personne tuée ne peuvent trouver de consolation, ni de dédommagement de la perte qu'ils ont faite, que par la destruction même du meurtrier, ou par le dépouillement de ses biens; & si la personne envers qui le crime a été commis est encore vivante, l'on ne fait que lui rappeller son malheur par le spectacle de celui qui en a été l'auteur, & qui oseroit même encore la braver au milieu de son supplice.

2° L'on ne peut dire non plus, que l'Intérêt public feroit fatisfait, puifque l'efclavage n'empêcheroit point que le criminel ne puiffe nuire encore à la Société de plufieurs manières, *foit* par le fcandale que donneroit fa préfence & le fouvenir de fon crime; *foit* par l'habitude de le voir, qui diminueroit infenfiblement l'horreur falutaire que doit infpirer le crime; *foit* par le danger de fa fréquentation qui le mettroit à portée de communiquer la contagion, non-feulement à ceux qui feroient affociés à fa peine; mais encore à ceux qui feroient chargés de pourvoir à fes befoins; *foit* enfin par le grand nombre de ces criminels, dont l'exiftence deviendroit une furcharge pour l'Etat, & l'appauvriroit bien-tôt tant en *troupes*, à caufe de la multitude de perſonnes qu'il faudroit pour les garder, qu'en *argent* à cauſe des frais immenſes qu'entraîneroit leur ſubſiſtance.

3° Enfin l'on ne peut dire que cette peine ſoit capable de contenir ſuffiſamment le Criminel, en ce que, s'il eſt riche & d'un rang diſtingué, il pourroit non-ſeulement trouver le ſecret de tempérer la rigueur de ſon ſupplice par les ſecours qu'il tireroit de ſa famille; mais même ſe ſouſtraire entiérement à la peine par les ſéditions qu'il pourroit exciter,ou par la corruption de ſes gardes; & que, ſi au contraire il eſt de condition vile,& né dans le ſein de l'indigence, bien loin que l'eſclavage fût pour lui une peine rigoureuſe, il ne feroit qu'adoucir en quelque ſorte ſon ſort, en lui aſſûrant du pain pour le reſte de ſes jours, & le délivrant par-là d'un ſouci qui faiſoit le principal malheur de ſa vie, & qui avoit peut-être été le ſeul aiguillon qui l'avoit porté au crime.

Concluons donc de tout cela? que ce n'eſt point tant la durée de la peine, comme l'Auteur le prétend, que la durée de l'impreſſion que la rigueur de cette même peine fait néceſſairement ſur les eſprits, qu'il faut conſidérer en cette matiere. Ainſi, comme la peine de Mort eſt, ſans contredit, de toutes les peines celle qui eſt la plus capable de faire impreſſion ſur les eſprits par ſon extrême rigueur, & par les torts irréparables qu'elle entraîne; ce n'eſt donc que par cette ſorte de peine que l'on peut punir les crimes les plus atroces & les plus nuiſibles à la Société.

5° L'Auteur voudroit bannir des Jugemens la peine de la CONFISCATION. L'on croiroit d'abord, que c'est uniquement par haine contre le *Fisc* dont il se plaint que l'esprit domine singuliérement dans notre Jurisprudence : mais, comme la raison qu'il en rend est la même que celle sur laquelle il se fonde d'ailleurs, pour prouver qu'on ne doit point prononcer de peines pécuniaires en fait de vol; savoir, que ces sortes de condamnations tendent à précipiter des familles innocentes dans l'indigence & dans le désespoir; il y a lieu de croire que le principal but de l'Auteur en ceci, est de bannir en général toutes les peines *pécuniaires*, & cela dans la vue de favoriser les familles des coupables: c'est-à-dire qu'une famille, qui se seroit enrichie du fruit

fruit des rapines d'un ſcélérat, & dans le ſein de laquelle il auroit puiſé lui-même la dépravation de ſes mœurs, *ſoit* par la négligence qu'on auroit apporté à ſon éducation, *ſoit* par les mauvais exemples qu'il y auroit reçu, mérite plus de conſidération & de ménagement aux yeux de l'Auteur, que l'innocent même qui auroit été la victime de ſon crime, ou que la famille de ce dernier, qui en auroit reſſenti les ſuites fâcheuſes.

Eſt-ce donc là bien entendre les intérêts de l'humanité, & mériter le glorieux titre que l'Auteur ſe donne d'en être le Défenſeur ? Mais non, c'eſt encore trop faire grace à l'Auteur, que de ne lui ſuppoſer ici qu'un ſimple motif de commiſération pour les malheureux : Qui ne voit qu'il en eſt un autre

qui l'affecte encore davantage, par cette exclamation séditieuse qu'il fait en parlant du Droit de propriété, lorsqu'il dit : *Droit*
P. 206. *Terrible*, & *qui ne seroit peut-être pas nécessaire......*

6° Toujours rempli de l'idée de son Pacte social, & que le crime n'est autre chose que la violation de ce même Pacte, l'Auteur prétend que la gravité du crime, & la grandeur de sa peine, ne doivent se mesurer que sur la grandeur du *dommage* qu'il cause au Public ; & il veut en conséquence que l'on n'ait égard, ni à l'intention de celui qui le commet, ni à la qualité de celui envers qui il est commis, ni même à la grandeur de l'offense faite à Dieu.

D'abord, il ne veut point que l'on considère l'*intention*, parce que, dit-il, les hommes ne peu-

vent la connoître, à moins que P. 179.
Dieu ne la leur révèle; & que souvent avec la meilleure intention l'on peut nuire à la société; tandis qu'avec la plus mauvaise P. 177.
intention, l'on peut lui rendre des services essentiels. C'est-à-dire, suivant l'Auteur, que l'on ne doit avoir aucun égard aux actes extérieurs qui manifesteroient cette intention, pas même aux actes les plus *prochains* du crime & qui en seroient inséparables : ensorte que, si un particulier avoit été vû en embuscade sur un grand chemin, à une heure indue, tirant un coup de fusil dont il auroit tué un homme, qu'il auroit ensuite dépouillé de ses effets, desquels il se trouveroit saisi au moment de sa capture; il faudroit, en partant du systême de l'Auteur, une révélation pour s'assûrer que ce même particu-

lier eſt un Aſſaſſin & un Voleur. Ce n'eſt pas tout: ſi, pour juger de la grandeur du crime & de la punition qu'il mérite, l'on ne devoit point tant conſidérer l'intention, que la grandeur du dommage réel cauſé à la ſociété, il s'enſuivroit encore, que non-ſeulement l'inſenſé & l'impubere ne devroient pas être moins punis, que tout autre qui auroit cauſé le dommage en pleine connoiſſance de cauſe; mais que celui qui, par un cas fortuit, ou par une ſimple négligence, auroit mis le feu à ſa maiſon, & par-là occaſionné l'incendie de celles de ſes voiſins; ou dont le fuſil ſeroit parti par mégarde & auroit bleſſé ou tué un homme qui paſſoit dans la rue; ou enfin qui auroit tué dans la néceſſité d'une légitime défenſe, auroit fait un plus grand crime

& devroit être puni plus rigoureusement que celui qui, à dessein prémédité (*dolo malo*) auroit tenté de mettre le feu, ou de tuer, & qui en auroit été empêché par quelqu'obstacle survenu; par cela seulement que le premier auroit en effet causé plus de dommage que le dernier qui auroit fait néanmoins tout ce qui dépendoit de lui, pour en causer de beaucoup plus considérables. Toutes ces conséquences qui se présentent si naturellement à l'esprit, suffiroient sans doute pour faire réjetter avec horreur un pareil systême, quand il ne seroit pas d'ailleurs réprouvé hautement par les Loix, suivant lesquelles on doit si bien considérer l'*intention*, qu'elles veulent même qu'en fait de crimes atroces, tel que l'assassinat, l'on punisse le simple attentat aussi rigoureusement que si le crime avoit été entiérement consommé *, & qu'au contraire l'on ne punisse point une action, quoique mauvaise de sa nature, si elle n'est point faite à mauvais dessein †.

L'Auteur prétend, en second lieu, que l'on ne doit pas non plus dans l'imposition de la peine avoir égard à la *Qualité* de celui envers qui le crime a été commis ; & il en donne pour raison, que tous les hommes dé-

---

* In maleficiis voluntas spectatur non exitus. *V. L.* 14, *ff. ad Leg. Corn. de Sicc.*

Qui hominem voluntariè occidere voluerit, & perpetrare non potuerit, homicida tamen habetur. *V. Capitul. de Charlemagne. Cap. 5. lib. 7.*

† Divus Adrianus rescripsit eum qui hominem occidit, si non occidendi animo hoc admisit absolvi posse. *L. Divus Adr. ff. ad Loy Cornel. de Sicariis.*

.......Crimen enim contrahitur, si & voluntas nocendi intercedat. *V. L.* 1. Ibid.

pendent également de la société dont ils sont membres. Il veut aussi par la même raison, que l'on punisse les personnes du plus haut rang, comme le dernier des Citoyens. P. 179.

L'on sent encore tout le danger & l'absurdité d'un tel principe, qui n'est pas seulement contraire à la disposition des Loix, qui ont toujours distingué la Qualité des personnes dans l'ordre des peines; & même à l'expérience journalière qui nous apprend que les personnes d'une condition relevée ayant plus à cœur l'honneur que la vie même *, l'imposition d'une simple peine infamante fait sur

---

* Mors eis solatium est & vita supplicium. *Just. Lips. de Const. Lib.* 2. C. 17. *V. L.* 3. *ff. Legis Cornelia. & L. penult. ff. ad Leg. Cornel. de Siccar.*

eux une plus vive impression, que ne feroient des peines corporelles sur des personnes de basse condition ; mais il est encore contraire au propre systême de l'Auteur, en ce que l'intérêt public qu'il a si fort en vue, demande qu'on ait des égards particuliers pour des personnes nobles ou constituées en dignité, dont l'extinction ou la flétrissure ne pourroient manquer de causer du *dommage* à la société. Ce n'est pas à la vérité, qu'il n'y ait de certains crimes atroces dont la noirceur dégrade l'humanité, tels que l'assassinat, & pour lesquels la Loi veut que les coupables soient punis sans aucune distinction de qualités. C'est même une maxime particulière de notre Droit François *. Mais, hors ce cas particu-

* V. Loysel, Reg. 29. lib. 6. tit. 2. V. aussi l'art. 194, l'Ordonnance de Blois.

lier, il faut convenir, encore une fois, que rien ne feroit plus abfurde & en même-tems plus dangereux, que de vouloir établir pour régle générale, comme fait l'Auteur, que la Qualité des perfonnes ne doit point influer fur la grandeur du crime ni de la peine; puifque, fi cela étoit, les Enfans & les Furieux ne devroient pas être moins punis, que toute autre perfonne jouiffant de fa pleine raifon, le Médecin qui empoifonneroit, le Tuteur qui violeroit fa Pupille, le Geolier qui abuferoit de fa Prifonnière, le Notaire qui feroit un acte faux, l'Orfévre qui feroit de la fauffe monnoie, ne feroient pas plus coupables & ne devroient pas être puni plus févérement que de fimples Particuliers qui feroient tombés dans les mêmes crimes.

Par une ſuite du même ſyſteme, l'Auteur va encore juſqu'à prétendre qu'on ne doit point conſidérer la gravité du crime par rapport à la grandeur de *l'offenſe qu'il fait à* DIEU, parce que, dit-il, la grandeur du péché dépend de la malice du cœur, que les hommes ne peuvent connoître, à moins que Dieu ne la leur révèle. Pitoyable ſubterfuge que nous avons réfuté d'avance, & qui ſe trouve d'ailleurs confondu ſans reſſource par toutes les Loix, tant divines qu'humaines. Par *Loix divines*, nous voulons parler de celles que le ſuprême Légiſlateur a tracé lui-même aux Conducteurs de ſon Peuple, & où l'on voit entr'autres qu'il y a des peines publiques portées contre les Blaſphémateurs, les Sacrilèges, & autres criminels de Lèze-Majeſté Divine.

Ce ſont ces mêmes Loix qui ont ſervi de fondement à celles que tous les Princes Chrétiens ont rendu en conſéquence pour la punition de ces ſortes de crime * ; parce qu'en effet ils ont ſenti que la Religion étant ſans contredit une partie eſſentielle de l'ordre public, toutes les fois que la violation du reſpect qui lui eſt dû s'eſt manifeſté par des actes extérieurs, il faloit néceſſairement la punir par des peines extérieures, qui réparent le ſcandale que cette violation a cauſé dans le Public, & empêchent les autres de tomber dans le même cas.

---

* Res autem humanæ aliter tutæ eſſe non poſſunt, niſi quæ ad divinam Confeſſionem pertinent & regia & ſacerdotalis deffendat authoritas. *Can.* 21 *Qu.* 5. *Cauſ.* 22. *V. auſſi les tit. du Cod. de Hœret. & Manich...de Apoſtatis... de Judæis... de Paganis & Sacrif.*

Il résulte de tout cela, que mal-à-propos le Crime est défini par l'Auteur, la violation du Pacte social; & qu'il n'est autre chose que la violation de la Loi, sans la connoissance de laquelle il n'y auroit, comme dit S. Paul, point de péché *.

7° Enfin l'Auteur ne cesse de se récrier contre la *cruauté* de nos peines en général; il prétend que c'est le but principal de notre Jurisprudence; & il entreprend de la combattre, en posant pour maxime certaine, que la morale politique ne peut procurer à la société quelqu'avantage durable si elle n'est fondée,
P. 10. dit-il, sur les sentimens ineffables du cœur; que ce sont ces mêmes sentimens qu'il faut consulter

---

* Peccatum non cognovi nisi per legem. *Epist. ad Rom. Cap.* 5. V. 17.

pour y trouver l'origine des peines, & les véritables fondemens du droit de punir ; & en conséquence il prétend que, dans l'impoſition des peines, l'on doit toujours préférer celles qui font l'impreſſion la plus efficace & la plus durable ſur l'eſprit des hommes, & en même-tems qui ſoit la moins cruelle ſur le corps du coupable. P. 107.

La fauſſeté & l'illuſion de cette prétendue maxime ſont ſi frappantes, qu'elles ſe font encore mieux ſentir qu'elles ne peuvent s'exprimer. D'abord, comment ne ſeroit-on pas revolté d'entendre dire ici à l'Auteur, que, dans l'impoſition des peines, l'on doit reſpecter la ſenſibilité du coupable pour la douleur ? après qu'on l'a vu ailleurs poſer cette autre maxime que *chaque homme ſe fait le cen-* P. 11.

tre de toutes les combinaisons de
P.169 *l'Univers ; ... Que le plaisir & la douleur sont les principes de toute action dans les Etres sensibles, & que c'est pour cela que, dans l'ordre même de la Religion, le suprême Législateur a placé les peines & les récompenses....* En effet, en partant même de l'aveu de l'Auteur, ne pourroit-on pas lui répondre, que c'est précisément parce que chaque homme se rapporte à lui-même ce qu'il voit faire à autrui, & qu'il a de l'horreur naturelle pour la douleur, qu'il étoit nécessaire de préférer, dans le choix des peines, celle qui est la plus cruelle sur le corps du coupable, pour que cette peine puisse faire cette impression *durable* dont parle l'Auteur; ou plutôt pour qu'elle puisse produire l'effet salutaire que la Loi en attend; c'est-à-

dire, d'empêcher le coupable de commettre d'autres crimes, & de détourner les autres hommes de commettre le même crime pour lequel ils voyent qu'il est si rigoureusement puni *.

Mais, sans nous arrêter à combattre l'Auteur par ses propres armes, rappellons-le encore une fois aux vrais principes de la matière, qu'il s'efforce perpétuellement de défigurer. Il faut bien peu connoître le cœur humain, & les différens ressorts qui le font mouvoir, pour oser assûrer, comme fait l'Auteur, que c'est dans les sentimens qu'il inspire, qu'on doit chercher la régle de ses jugemens. C'est juger des hommes parce qu'ils doi-

---

* Ut aut ipse qui punitur, corrigatur experimento, aut alii terreantur exemplo. *Can.* 37. *Qu.* 8. *Caus.* 23.

vent être & non point par ce qu'ils sont. Qui ne sait en effet qu'étant constitués, comme ils sont avec des passions, le plus souvent leur humeur domine sur leurs sentimens ? Que ces humeurs sont presqu'aussi variées que les visages : Que, s'il y a des hommes rigides & inflexibles, il y en a aussi de si indulgens & si faciles que, non contens d'adoucir la justice, ils l'accommodent à toutes les foiblesses, & la font consister, comme dit l'Auteur, dans la *tolérance des erreurs humaines.*

Qui ne sait d'ailleurs que, depuis leur multiplication, les hommes ayant été obligés de vivre séparément, & tous les climats n'inspirant point les mêmes inclinations (tellement qu'en changeant de pays, l'on change souvent de mœurs & d'occud'occupation) dès-lors, il n'a plus été possible de réduire ces différens Peuples sous des Loix uniformes ; encore moins, de laisser aux personnes même qui avoient été offensées, le soin de vanger leur propre injure ? & c'est en conséquence qu'il a fallu des Souverains & des Magistrats, pour mettre cette juste proportion entre la Peine & l'Offense.

A la vérité, si les hommes s'étoient conservés tels qu'ils sont sortis des mains du Créateur, il suffiroit de les renvoyer à leur propre Cœur, & à leur propre Conscience qui ne varie point dans ses Jugemens, & qui se regle toujours par une Loi fixe & immuable comme son Auteur ; au lieu que les Loix, qui sont l'ouvrage des hommes, sont sujettes à être révoquées, & à éprouver divers changemens.

dans les différens siecles, & dans les differens tems. Ainsi, voyons-nous que les Loix qui étoient propres dans les Commencemens d'un Etablissement, ont cessé de l'être dans ses progrès; Que celles qui étoient propres à Athénes ne l'étoient point à Lacédémone; Que ni les unes ni les autres n'ont point suffi aux Romains; & que celles même de ce dernier Peuple ne se sont conservées que dans certaines portions des Pays qui sont sortis de leur Domination.

Cela n'empêche pas néanmoins, que ces Loix, toutes imparfaites qu'elles sont, par l'effet d'un malheur attaché à la condition humaine, n'ayent pris pour base l'Equité naturelle; tellement que, comme il y a certains crimes dont l'atrocité ou la légéreté dépendent principaſement des circonſtances qui peuvent varier à l'infini, elles laiſſent le plus ſouvent, comme nous l'avons dit, à la prudence & à la Religion des Juges le ſoin d'augmenter ou de diminuer les peines, ſuivant ces mêmes circonſtances. Au reſte, nous avons obſervé en même tems, qu'en général le penchant des Loix ne va point à punir, & qu'elles ne condamnent jamais qu'à regret: enſorte que l'on peut dire que ce n'eſt ni la Loi, ni le Juge, mais le crime qui livre au ſupplice; Que le Juge, en faiſant exécuter la Loi, doit, comme un Père qui corrige ſon enfant, le faire ſans humeur; ou comme un ſage Médecin qui applique le fer & le feu à un membre, pour ſauver le reſte du corps; Que l'indulgence dont il uſeroit pour lors feroit plus meurtrière & plus dangereuse à la société, que la dureté la plus excessive, en ce que celle-ci ne tomberoit que sur le Particulier qui en seroit la victime, au-lieu que l'autre réfléchiroit nécessairement contre tout le Public*. Qu'en un mot cette indulgence ne doit être employée proprement, suivant l'esprit des Loix, que lorsqu'il n'y a pas de preuve suffisante pour déterminer l'application de la Peine qu'elles ont attachée au crime; ou bien lorsqu'il s'agit de certains crimes qui ne sont point atrocès de leur nature, & qui peuvent être excusés par les

* Adhibenda est enim reipublicæ causâ severitas sine qua administrari Civitas nulla potest. *Cicer. de Offic. lib.* 2.

Non est iniquitatis, sed potius humanitatis societati devinctus, qui propterea est criminis persecutor, ut sit hominis liberator. *Can.* 17, *Qu.* 5. *Caus.* 23.

circonstances, telles que le cas fortuit, l'erreur, ou la nécessité d'une légitime défense.

De tous ces Principes il faut donc conclure, qu'il n'est pas possible de vouloir ériger, comme fait l'Auteur, la Douceur des peines en maxime générale, ni par conséquent de chercher, comme il le prétend, dans les sentimens ineffables du cœur, la véritable régle qui doit déterminer l'application de ces peines; Que cette régle ne peut se trouver encore une fois, que dans cette équité naturelle qui sait à propos rendre les Loix douces & traitables, sans leur rien ôter que leur excessive dureté; & qui, tenant sans cesse un juste milieu entre la rigueur & la clémence, sait toujours mettre cette exacte proportion entre le crime & sa peine.

Nous ne croyons pouvoir mieux terminer cette Analyſe, que par ces réflexions générales, qui ſont fondées ſur des Principes inébranlables, juſtifiés par l'expérience la plus conſtante, & contre leſquels viendront toujours échouer des ſyſtêmes enfantés par un eſprit de contradiction & de nouveauté.

Je ſuis,

MONSIEUR,

Votre, &c.

MUYART DE VOUGLANS,

Avocat au Parlement.

Paris, ce 10 Novembre 1766.

APPROBATION.

J'AI LU, par ordre de Monseigneur le Vice-Chancelier, un Manuscrit intitulé, *Lettre contenant la réfutation de quelques Principes hasardés dans le nouveau Traité des Délits & des Peines, traduit de l'Italien*; je crois que l'impression de cet Ouvrage sera très-utile au Public. A Paris ce 25 Novembre 1766.

PONCET DE LA GRAVE.

www.ingramcontent.com/pod-product-compliance
Ingram Content Group UK Ltd.
Pitfield, Milton Keynes, MK11 3LW, UK
UKHW021105200726
13857UKWH00003B/1104